D1728108

1964 – Ein ganz besonderes Jahr!

1964 ist ein besonderes Jahr: Die Beatles starten
ihre Karriere, Antony Quinn macht den „Sirtaki"
weltberühmt und Königin Elisabeth II. bringt ihren
dritten Sohn Edward zur Welt.

Eine spannende und amüsante Zeitreise für jede Frau, die
immer schon mal wissen wollte, welche Trends in ihrem
Geburtsjahr begründet wurden und welche bedeutenden
Ereignisse es gab:

**Ein Ereignis ist dabei ganz besonders
hervorzuheben:**

Das größte Highlight 1964
ist die Geburt von:

Liebes Geburtstagskind,

Inhalt

Chinesisches Horoskop

Wer im Jahr 1964 das Licht der Welt erblickte, ist im **chinesischen Tierkreiszeichen des Drachen** geboren.

Im chinesischen Sternzeichen des Drachen Geborene strotzen vor Vitalität.

Das Charakterbild der Drachen-Frau

Frauen, die 1964 im Jahr des Drachen geboren wurden, sind nach dem chinesischen Horoskop wahrhaftige Kraftpakete. Sie besitzen eine natürliche Ausstrahlung sowie eine Führungsstärke, die andere inspiriert und mitreißt. Drachenfrauen sind voller Energie und Enthusiasmus, wobei ihre Leidenschaft sie in jedem Lebensbereich antreibt. Sie sind intelligent und haben einen scharfen Verstand, was ihnen hilft, komplexe Probleme mit Leichtigkeit zu lösen.

Ihre Unabhängigkeit und ihr mutiges Herz machen sie zu Pionierinnen, die sich nicht scheuen, neue Wege zu gehen. Sie sind loyal und treu, mit einem großzügigen Geist, der immer bereit ist, anderen zu helfen. Ihr Charme und ihr Witz machen sie zu beliebten Gefährtinnen, und ihre Zuversicht ist ansteckend.

Drachenfrauen sind auch sehr anpassungsfähig und können sich schnell auf Veränderungen einstellen, was ihnen hilft, im Leben voranzukommen. Ihre Kreativität und ihre Fähigkeit, groß zu träumen, ermöglichen es ihnen, außergewöhnliche Erfolge zu erzielen.

Sie gehen mit Optimismus und einer positiven Einstellung durchs Leben, was ihnen hilft, Herausforderungen in Chancen zu verwandeln.

Glückszahlen	Glücksfarben	Glücksblumen
1 6 7	golden silver	Ruhmbower
oder Zahlen, die 1, 6 und 7 beinhalten (wie 16 oder 71)	grauweiß	Drachenblume

Kurz gesagt, Frauen, die im Jahr des Drachen geboren wurden, sind dynamische Persönlichkeiten, deren innere Stärke und positive Ausstrahlung sie zu wahren Glücksbringern in ihrem Umfeld machen. Sie sind die geborenen Anführerinnen, die mit ihrer Weisheit und ihrem Mut die Welt erobern.

Auf den folgenden Seiten sind Trends, Ereignisse und Geschichten angeführt, die das Geburtsjahr 1964 aus Sicht der Frau zu einem besonderen Jahr machen. Viel Spaß beim Schmunzeln und Staunen!

Ein Star mit Herz und Charisma

Sandra Annette Bullock, geboren am 26. Juli 1964, ist eine Schauspielerin und Produzentin, die für ihre lebendige Energie und ihren Witz bekannt ist. Als Tochter einer deutschen Opernsängerin und eines amerikanischen Gesangslehrers wurde ihr künstlerisches Talent in die Wiege gelegt. Bullock, die einst als weltweit bestbezahlte Schauspielerin galt, hat eine beeindruckende Karriere, die mit dem Durchbruch im Actionfilm "Speed" (1994) begann.

Sandra Bullock, gefeierte Schauspielerin, Oscar-Preisträgerin, mitreißend in "Speed" und "The Blind Side", zweimal Entertainerin des Jahres.

Ihre Fähigkeit, sowohl in dramatischen als auch in komödiantischen Rollen zu überzeugen, ist unvergleichlich. Dies bewies sie in Filmen wie "Miss Congeniality" und "The Blind Side", für den sie 2010 einen Oscar erhielt. Mit ihrer unverkennbaren Mischung aus Charme und Stärke wurde sie zweimal von "Entertainment Weekly" zur Entertainerin des Jahres gekürt. Sandra Bullocks Einfluss und Talent haben sie zu einer der markantesten Figuren in der Filmindustrie gemacht.

Aufschwung und Arbeitsmarkt

Mit Schwung meistert Deutschland das Wirtschaftswunder, denn trotz Arbeitskräftemangel blüht die Wirtschaft weiter auf. Immer mehr Frauen und Gastarbeiter betreten den Arbeitsmarkt, und die Arbeitslosenzahlen sinken auf ein historisches Tief. Die Löhne steigen – ein Arbeiter verdient 1964 durchschnittlich 870 DM monatlich – und der Lebensstandard verbessert sich stetig.

Auf der Lehrbaustelle Ruhr-Niederrhein in Essen machen auch junge Mädchen eine Lehre oder ein Praktikum.

Der Mangel an qualifizierten Kräften treibt die Unternehmen zur Automation. Vollautomatische Produktionsstraßen revolutionieren die Industrie und schaffen neue Herausforderungen. Der Facharbeiter wandelt sich, und die Unternehmen locken mit besseren Konditionen. Ein Zeitalter des Wandels und des Wachstums, das das Gesicht Deutschlands nachhaltig prägt.

Das Zeitalter des Fernsehens

Das Fernsehen erlebt einen ungebremsten Aufstieg als das beliebteste Massenmedium in Deutschland. 1964 ziehen fast zwei Millionen neue Geräte in die Wohnzimmer ein, und der zehnmillionste Fernsehapparat wird angemeldet. Über die Hälfte der Bundesbürger genießt nun regelmäßig Sendungen im eigenen Heim. Vom Kneipeninventar der 50er Jahre hat sich das TV-Gerät zum festen Bestandteil des familiären Wohnzimmers und zum Spitzenreiter der Freizeitbeschäftigungen gewandelt.

Bonanza mit den Cartwrights ist im Jahr 1964 eine beliebte TV-Serie.

Ein Fernseher zu besitzen, bedeutet soziales Prestige und ist ein alltäglicher Gesprächsstoff. Geselliges Beisammensein findet nun vor dem Bildschirm statt, begleitet von Snacks und speziellen TV-Häppchen. Doch die Entwicklung zur Fernsehnation Deutschland führt auch zu Bedenken hinsichtlich des Konsums bei Kindern, die bis zu 20 Stunden pro Woche vor dem Gerät verbringen, mit einem deutlichen Unterschied zwischen den Bildungsschichten.

Elke Sommers neues Glück

In Hollywood floriert die Liebe. *Elke Sommer,* die charmante Berliner Pfarrerstochter, hat in der glitzernden Welt von Beverly Hills einen neuen Gefährten gefunden. Ihr Herz schlug höher, als sie Joe Hyams während eines Interviews für den "Saturday Evening Post" kennenlernte.

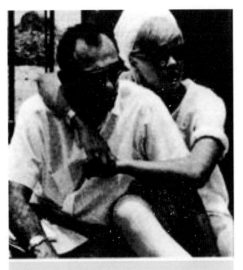

Filmstar Elke Sommer mit ihrem Freund.

Dieser Funke der Zuneigung führt sie nun in ein gemeinsames Leben in Los Angeles. Während Elkes Ex-Manager, Kurt Frings, die Beziehung kritisch beäugt, blickt das Paar optimistisch in die Zukunft.

Von Miniröcken und Mondmädchen

Im Frühjahr 1964 katapultiert Andre Courreges mit seinem futuristischen *"Weltraum- und Mondmädchen-Look"* die Mode in eine neue Ära und stößt auf Begeisterung und Aufsehen. Rudi Gernreichs "Oben-ohne"-Badeanzüge und Mary Quants jugendliche Mini-Hängerkleider, die per Versand verkauft werden, verstärken den modischen Umbruch. In Deutschland sind Miniröcke noch Neuland, während Hemdblusenkleider und Shiftkleider vorherrschen.

Die neuen Sommermodelle 1964: Typisch sind ärmellose Hemdkleider durch kontrastierende Blenden oder Kragen.

Hosenanzüge inspiriert von Marlene Dietrich bieten eine elegante Alternative. Die Schuhmode reagiert verwirrt auf Courreges' absatzlose Stiefeletten. Die Frisuren reichen von glatten, geometrischen Schnitten bis zu komplexen Dutts.

Zeitgenössische Kunst:
Pop-art im Rampenlicht

Die Pop-art dominiert die moderne Kunstszene mit einem plakativen Realismus, der sich von der Komplexität des abstrakten Expressionismus abwendet. Ursprünglich als Kritik an der Konsumkultur entstanden, zeigt sie durch Überdimensionierung und Wiederholung alltägliche Gegenstände wie Werbebilder und Comics in neuer Ästhetik. Berühmte Vertreter wie *Andy Warhol* und *Roy Lichtenstein* haben die Pop-art, die oft selbst Teil der Warenwelt wurde, geprägt.

»Klavier Integral« des südkoreanischen Komponisten Nam June Paik als Beispiel für den Zusammenhang von Pop-Objektkunst und Happening. Die optische Veränderung des Klaviers, die durch Paik und seine Freunde anlässlich mehrerer Darbietungen vorgenommen wurde, entspricht den klanglichen Erweiterungen durch John Cage.

Das geschah 1974, als du 10 Jahre alt warst

Der Mini feiert in 1974 ein Come back, das gilt für alle Jahreszeiten – allerdings nicht Ultrakurz, sondern etwas länger.

Vom 13. Juni bis zum 7. Juli findet die FIFA Fußball-Weltmeisterschaft in Westdeutschland statt. Das Bundesdeutsche Team gewinnt das Finale gegen die Niederlande mit 2:1

ABBA gewinnt am 29. Mai mit dem Lied "Waterloo" den Grand Prix d'Eurovision de la Chanson

Royaler Zuwachs

Am 10. März feiert das Vereinigte Königreich die Geburt von *Prinz Edward*, dem neuesten Mitglied der königlichen Familie. Königin Elisabeth II. heißt ihren Sohn willkommen, der nun die dritte Position in der Thronfolge einnimmt.

Nach Prinz Charles, Prinzessin Anne und Prinz Andrew, ist Edward das vierte Kind des Monarchen Paares. Der Palast verkündet, dass der Prinz wohl auf ist und die Namen Edward Anthony Richard Louis tragen wird. In der britischen Geschichte markiert seine Ankunft einen freudigen und bedeutenden Moment.

Stolz präsentiert Königin Elisabeth II. ihren dritten Sohn Prinz Edward.

Melodien der Sehnsucht:
Freddy Quinn

In der Musikwelt von 1964 schlägt das Herz der deutschen Unterhaltungsmusik im Takt sentimentaler Schlager. Trotz wachsender Beliebtheit britischer und US-amerikanischer Popmusik, bleiben Schlager und Chansons die unangefochtene Nummer eins. Die Beatrevolution mit Ikonen wie den Beatles und den Rolling Stones stößt bei der älteren Generation auf Misstrauen. Die Rebellion gegen traditionelle Musik und Verhaltensnormen macht diese Gruppen bei den Jugendlichen umso beliebter.

Freddy Quinn landet mit seinem Lied „Junge komm bald wieder" einen Hit.

Doch in Deutschland sind es die heimischen Klänge, die die Massen bewegen. *Freddy Quinn* steht dabei mit seinen sehnsüchtigen Liedern an vorderster Front. Zusammen mit Udo Jürgens und Siw Malmkvist prägt er die musikalischen Vorlieben der Deutschen. Schlagergrößen wie Gitte, Manuela und Rex Gildo finden ebenfalls ihren Weg in die Herzen und auf die Spitzen der Hitparaden. Trotz der Dominanz deutscher Künstler, erlangen auch internationale Stars wie Cliff Richard und Petula Clark Anerkennung bei den deutschen Musikfans.

Urbaner Verkehr nimmt zu

Im heutigen Deutschland ringen Städte mit einem Verkehrsdilemma: überfüllte Straßen, fehlende Parkplätze und steigende Autounfälle. Die Fahrzeuganzahl hat sich seit 1950 fast versechsfacht, und Verkehrsunfälle nehmen erschreckend zu. Stadtplaner warnen vor einem Verkehrskollaps und fordern Maßnahmen gegen die Privatwagenflut. Ideen wie der Ausbau öffentlicher Verkehrsmittel, die Erstellung von Satellitenstädten und "Park-and-Ride"-Systeme könnten Abhilfe schaffen.

Die stark überlastete Inntal-Autobahn zwischen Rosenheim und Kufstein wird um eine Fahrbahn verbreitert.

Die Umsetzung dieser Pläne könnte jedoch bis zu 247 Mill Milliarden DM kosten und 25 bis 30 Jahre dauern. Währenddessen beginnen Städte wie Düsseldorf mit dem Bau von U-Bahnen und Stuttgart vollendet bald eine neue Straßenbahntunnelstrecke. München hinkt hinterher, mit einem U-Bahn-Netz, das frühestens 1974 fertig sein wird.

Wettlauf der Werbeausgaben

Im Jahr 1964 steigern bundesdeutsche Unternehmen ihre Werbebudgets um 15%, um sich im verschärften Konkurrenzkampf während des Wirtschaftsaufschwungs zu positionieren. Zwischen sechs und acht Milliarden DM fließen in Werbemaßnahmen, doch trotz der erhöhten Investitionen mangelt es an Kreativität.

Die Mehrheit der Werbung wirkt altmodisch und ohne Einfallsreichtum, mit häufigen Wiederholungen von Floskeln wie "schmeckt" und "führend". Qualitätsbeweis versuchen die Marken durch das Image eines distinguierten Mittvierzigers oder einer attraktiven Hausfrau.

Wenig Einfallsreich: Die Zigarettenmarke Ciro wirbt mit Aroma und Geschmack.

„Glänzer" wird als moderne Bodenpflege angepriesen.

Ein historischer Moment in Hollywood

In der glamourösen Welt von Hollywood markiert der 13. April einen denkwürdigen Tag. Die Oscar-Verleihung findet statt und schreibt Geschichte: *Sidney Poitier* wird für seine Rolle in „Lilien auf dem Felde" geehrt und ist der erste Schwarze, der den Oscar als Bester Darsteller gewinnt.

Im Rampenlicht steht auch der britische Film „Tom Jones - Zwischen Bett und Galgen", der als bester Film des Jahres ausgezeichnet wird. Tony Richardson's Werk, ein lebendiges Sittengemälde des 18. Jahrhunderts, basiert auf Henry Fieldings Roman und überzeugt die Academy of Motion Picture Arts and Sciences. Weitere Gewinner des Abends sind die Filme „America, America", „Cleopatra" und „Das war der Wilde Westen", die alle für ihre außergewöhnlichen Beiträge zur Filmkunst gefeiert werden.

Sidney Poitier erhält als erster schwarzer Darsteller den Oscar. Sein Kommentar bei der Preisverleihung: »Es war eine lange Reise«.

Poitier kam 1950 zum Film; erspielte meist die Rolle des kultivierten Schwarzen, an dem sich Rassenvorurteile demaskieren sollen.

Zebrastreifen-Neuregelung in Deutschland

Die Bundesrepublik Deutschland erlebt einen bedeutsamen Wandel im Straßenverkehr: Fußgänger erhalten an Zebrastreifen nun Vorrang vor Autofahrern. Trotz anfänglicher Befürchtungen führt die neue Straßenverkehrsordnung nicht zu Unfällen oder Verkehrschaos. Kraftfahrer müssen Rücksicht nehmen und das Parken vor Zebrastreifen ist verboten, wobei Fußgänger nicht trödeln dürfen.

Ein Zebrastreifen in München 1964.

Erste Erfahrungen zeigen eine reibungslose Umstellung, obwohl einige vor allem jüngere Personen die Regeln überstrapazieren. Die neue Verordnung symbolisiert einen Kulturwandel und fordert Respekt und Achtsamkeit von allen Verkehrsteilnehmern.

Exklusiv: 1964er-Geflügel Rezepte

Ein Kochbuch aus dem Jahr 1964 mit Rezepten aus der siebenbürgischen Küche.

30 leckere **siebenbürgische Geflügel-Rezepte** aus dem Jahr 1964 gibt es hier mittels QR-Code oder Link zum Downloaden:

https://bit.ly/1964er-Rezepte

Aufbruch in die Filmkunst: Bergmans "Das Schweigen"

Am 24. Januar begeisterte *Ingmar Bergmans "Das Schweigen"* die deutschen Kinos. Trotz kontroverser Diskussionen über seine expliziten Szenen, wurde es als künstlerisches Meisterwerk gefeiert und ohne Kürzungen freigegeben – ein Novum! Es ist ein Film, der polarisiert: Er zeichnet ein düsteres Bild menschlicher Lüste und einer Welt ohne Gott, fordert aber zugleich dazu auf, über die "Sklaverei der Sinne" hinauszudenken.

Das Schweigen mit „besonders wertvoll" ausgezeichnet, wird in der Süddeutschen Zeitung angekündigt.

Bergmans Werk, das bereits 1,5 Millionen Zuschauer faszinierte, trägt das Prädikat "Besonders wertvoll". In ihm spiegelt sich die tiefe Sehnsucht nach göttlicher Präsenz wider, eine Vision, die sowohl Kritik als auch Bewunderung hervorruft. Ein Film, der nicht nur unterhält, sondern uns auch provoziert, über unsere eigene Existenz nachzudenken.

Ein Stern am Musicalhimmel

Seit ihrem beeindruckenden Durchbruch im Jahr 1962 mit dem Musical "I Can Get It for You Wholesale" hat sich *Barbra Streisand* unaufhaltsam in die Herzen des Publikums gesungen und gespielt. 1964 festigt sie mit ihrer herausragenden Leistung im Musical "Funny Girl" ihren Ruf als exzellente Darstellerin. Ihre einzigartige Stimme und Bühnenpräsenz machen jedes ihrer Werke zu einem unvergesslichen Erlebnis.

Barbra Streisand, Amerikas strahlender Stern der Musik- und Schauspielwelt, ziert das Titelbild der Zeitschrift "The Time" am 10. April 1964.

Luftfahrtinnovationen in Hannover

Auf der Deutschen Luftfahrtschau 1964 in Hannover präsentieren 281 Aussteller aus 15 Ländern ihre Innovationen auf 16.800 Quadratmetern. Der deutsche *Senkrechtstarter VJ 101 C/X I* von Bölkow, Heinkel und Messerschmitt ist der Star der Show.

Nach seinem ersten Senkrechtstart im April 1963 und der Demonstration der Horizontalflugfähigkeit, überzeugt er nun mit einem erfolgreichen Überlandflug nach Hannover. Trotz des internationalen Wettbewerbs, insbesondere durch das britische Modell Hawker P. 1127, markiert die VJ 101 einen bedeutenden Meilenstein in der Luft- und Raumfahrtentwicklung.

Von dem Senkrechtstarter VJ 101 C werden zwei Prototypen gebaut: die X I ohne und die X II (Abb.) mit Nachverbrennung. Die VI 101 C/XI wird auf der Deutschen Luftfahrtschau 1964 vorgestellt.

Was 1964 sonst noch geschah ...

2. Januar:
In der DDR wird mit der Ausgabe neuer Personalausweise begonnen, die den Vermerk »Bürger der Deutschen Demokratischen Republik« tragen.

18. Januar:
Die New Yorker Behörden erteilen die Genehmigung für den Bau des World Trade Centers. Der 110 Stockwerke hohe, zweitürmige Wolkenkratzer soll das höchste Gebäude der Welt werden. (Bild unten)

3. März:
Die Schüler der berühmten britischen Internatsschule Eton sind nach wie vor für die Prügelstrafe. Nur 23% von ihnen sprechen sich bei einer Umfrage für die Abschaffung des Rohrstocks aus.

7. April:
Der britische Studentenverband nimmt in Swensea mit 1187 zu 806 Stimmen eine Resolution an, in der ein »straffreies Liebesieben« für die Studenten gefordert wird. Die Resolution wendet sich in erster Linie gegen die »schweren Bestrafungen« von Studenten, die spätabends noch Mädchen in ihren Zimmern empfangen.

Was 1964 sonst noch geschah ...

19. Mai:
Mindestens 630 DM benötigt eine vierköpfige Familie im Bundesgebiet monatlich, um die Kosten für Lebenshaltung, Kleidung und Wohnung bestreiten zu können. Dies ergibt eine Umfrage des Allensbacher Instituts für Demoskopie.

30. Juni:
25% aller Bundesbürger sprechen sich dafür aus, dass Sonntagsarbeit bestraft werden soll.

8. Juli:
Die 21-jährige Antonia Ross aus Redgrave (Norfolk) erhält als bislang jüngste Ärztin ihre Approbation. Sie hatte unter Angabe eines falschen Alters mit 15 Jahren in Dublin ihr Studium aufgenommen. Als der Schwindel aufgedeckt wurde, durfte sie wegen ihrer »brillanten« Leistungen weiterstudieren.

12. September:
In Schweden hat man einen neuen Weg gefunden, um sich der steigenden Zahl schrottreifer Autos zu entledigen: Sie werden in der Ostsee versenkt. (Bild links)

Spiele fast ohne Schnee

Die *Olympischen Winterspiele in Innsbruck* erstrahlen in ungewöhnlicher Frühlingskulisse, da der erwartete Schnee ausbleibt. Warmes Föhnwetter sorgt für grüne Landschaften, wo sonst weiße Pisten locken sollten. Um dennoch die idealen Bedingungen für die Athleten zu schaffen, wird Schnee in beeindruckender Menge von 25.000 Tonnen aus den Hochtälern herantransportiert. Österreichische Soldaten leisten Schwerstarbeit, um die Sportstätten präpariert zu bekommen.

In Innsbruck werden die Olympischen Spiele mit einer bedeutungsvollen Neuerung eingeläutet: Die traditionelle Eidesformel erlebt eine Premiere in ihrer Formulierung.

"Wir versprechen" ersetzt das alte "Wir schwören" und die Athleten bekunden, zur "Ehre unserer Mannschaft" anzutreten, statt "zur Ehre unseres Vaterlandes".

Dort, wo moderne Technik nicht weiterhilft, wird der Schnee sogar in traditionellen Weinlesekörben zum Einsatzort gebracht. Einzig in Seefeld erleben die Skilangläufer das echte Wintermärchen, das den Spielen ihren Namen gibt.

Exklusiv: Vier original Strickanleitungen für Babykleidung 1964

Vier Strickanleitungen für zwei Babyanzüge, Babykleid und Kapuzen Jäckchen gibt es zum Ausdrucken unter diesem Link bzw. QR-Code:

https://bit.ly/baby-1964

Aufbruch ins Universum

In *New York* strahlt ab 22. April die *32. Weltausstellung* mit dem 42 Meter hohen Stahlglobus "Unisphere" als Symbol des menschlichen Vorstoßes ins All. Im Queens gelegen, erstreckt sich das hufeisenförmige Gelände über 260 Hektar und beherbergt 175 Pavillons. Für die Besichtigung der Superlative-Schau wird geschätzt, dass man fünfzehn Tage benötigt.

Die Kosten der Ausstellung sind mit 4 Milliarden DM rekordverdächtig, und es wird erwartet, dass sie mit 70 Millionen Besuchern im ersten Jahr die bisher am meisten besuchte Weltausstellung wird.

Der Globus Unisphere ist das Wahrzeichen der »New York World's Fair«. Sie ist mit Kosten von vier Mrd. DM die bisher teuerste Weltausstellung.

Von der Hausmannskost zur Genusskultur

Die Deutschen entdecken den kulinarischen Genuss: *Qualität zählt mehr als Quantität.* Der Wohlstand fördert Experimentierfreude am Esstisch mit internationalen und exotischen Speisen. Es gibt einen spürbaren Rückgang bei traditioneller Kost wie Kartoffeln, Margarine und Brot, während der Konsum von Fleisch, Geflügel und Gemüsekonserven steigt.

Urlaubsreisen inspirieren zu neuen Geschmackserlebnissen und die Lebensmittelhändler erweitern ihre Auswahl entsprechend. Tiefkühlkost, Snacks und Naschereien erleben einen Boom, und bei Getränken bleibt Bier an der Spitze, gefolgt von Milch, während der Verbrauch von Wein und Sekt ebenfalls zunimmt.

Immer lassen sich auch in den eigenen vier Wänden eine Pizza schmecken – quasi als Erinnerung an den Urlaub.

Die sog. Fernsehhäppchen, wie Knabbergebäck oder würzige Snacks erfreuen sich wachsender Beliebtheit.

Zeitlose Schönheit
über den Ozean

Die Weltausstellung in New York wird durch ein besonderes Kunstwerk bereichert: *Michelangelos Pieta.* Diese Marmorgruppe, seit 1499 eine Konstante im Petersdom zu Rom, zieht nun im vatikanischen Pavillon die Blicke auf sich, gesichert hinter kugelsicherem Glas vor einem imposanten Kreuz. Die Überführung über den Atlantik war ein kontroverses Unterfangen, das intensive Debatten über Risiken und Respektlosigkeit entfachte.

Umstritten war vor allem die Verpackungsmethode – zwischen traditionellen Materialien und einer modernen, mit Kunststoffkügelchen gefüllten Metallkiste. Die innovativere Methode gewann letztlich die Oberhand, unterstützt von den Versicherungen. Die Präsentation der Pieta in New York bleibt ein historisches Ereignis, das die Grenzen der Kunst erweitert und die Besucher verzaubert.

 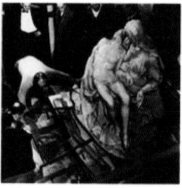

Die Pieta von Michelangelo wird in eine Metallkiste, gefüllt mit kleinen Kunststoffkügelchen, gepackt

Zum ersten Mal seit dem Jahre 1499 verlässt die berühmte Marmorgruppe ihren Platz im Petersdom in Rom.

Millers Bühnenenthüllung

Im pulsierenden Herzen New Yorks erleuchtet das ANTA Washington Square Theatre mit der Weltpremiere von *Arthur Millers „Nach dem Sündenfall"*. Unter der meisterhaften Regie von Elia Kazan brillieren Jason Robards Jr. als Quentin und Barbara Loden als Maggie auf der Bühne.

Die Aufführung erntet Jubel, doch das Stück polarisiert: Miller entblößt das Privatleben mit Marilyn Monroe, seiner verstorbenen Ex-Frau, auf offener Bühne - eine Enthüllung, die manche als zu intim empfinden. Walter Kerr beschreibt das Stück im „New York Herald Tribune" als Millers Beichte und Läuterung, eine autobiographische Reise, die das Publikum spaltet.

„Nach dem Sündenfall" von Arthur Miller (vorne Quentin, Maggie 3. v.l.)

35

Weltweite Beatles-Mania

Die Beatles, das berühmte Rock-Quartett aus Liverpool, dominieren die Hitparaden im Jahr 1964. Ihre Songs, eine Mischung aus Liebesballaden und mitreißendem Rock'n'Roll, erobern die Herzen der Fans weltweit. Im März erzielen sie ein historisches Ereignis, indem sie die ersten vier Plätze der US-Charts gleichzeitig belegen – eine Leistung, die zuvor noch keiner Band gelungen ist. Mit Hits wie "She Loves You" und "I Want To Hold Your Hand" setzen sie neue Maßstäbe in der Popmusik.

Die Beatles zeigen Ed Sullivan eine ihrer Gitarren. In seiner Fernsehshow tritt die Band am 9. Konzert in der Carnegie-Hall (11. 2.) sind ausverkauft. Februar 1964 auf; 72% aller US-amerikanischen TV-Besitzer sehen sich diese Sendung an.

In Australien beanspruchen sie sogar die Top sechs. Bevor "Can't Buy Me Love" offiziell erscheint, ist die Nachfrage so groß, dass die Band dafür eine Goldene Schallplatte erhält. Nach der Veröffentlichung steigt der Song sofort an die Spitze der Charts. Auch in Deutschland feiern sie mit sieben Singles in den Hitlisten triumphale Erfolge. Die Beatles prägen diese Ära mit ihrem unverwechselbaren Sound und ihrer charismatischen Ausstrahlung.

Rauchen wir immer beliebter

Das Bundesgesundheitsamt legt aktuell einen Bericht vor, der die Gefahren des Rauchens unterstreicht und eine höhere Sterblichkeitsrate bei Zigarettenrauchern bestätigt. Diese Erkenntnisse spiegeln die des Terry-Reports aus den USA wider, welcher bereits international für Aufsehen sorgte.

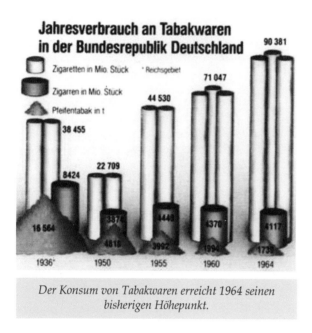

Jahresverbrauch an Tabakwaren in der Bundesrepublik Deutschland

Zigaretten in Mio. Stück   * Reichsgebiet

Zigarren in Mio. Stück

Pfeifentabak in t

90 381
71 047
44 530
38 455
22 709
8424
16 564

1936*   1950   1955   1960   1964

Der Konsum von Tabakwaren erreicht 1964 seinen bisherigen Höhepunkt.

In Deutschland reagieren die Raucher zunächst mit einem Rückgang des Zigarettenkonsums um über 7%, während Pfeifentabak und Zigarren, als weniger schädlich bewertet, einen Absatzanstieg erleben. Trotz des anfänglichen Rückgangs fängt sich der Zigarettenverkauf bis Ende Mai wieder und erreicht das Niveau zu Jahresbeginn. Die eindringlichen Warnungen scheinen nicht zu wirken.

Wohnkultur 1964
Funktionale Einfachheit

Im Jahr 1964 setzt sich im deutschen Wohnzimmer eine Kombination aus Sofa, Sessel, Couchtisch und Schrankwand durch, trotz kreativer Alternativvorschläge von Designern. *Funktionalität steht im Vordergrund,* mit einer Vorliebe für einfache, sachliche Formen und das Rechteck als dominierende Figur. Schlafcouch und Etagenbett erfreuen sich als platzsparende Lösungen großer Beliebtheit.

Schrankwand mit Platz für Bücher, Bar und Fernseher sowie eine Sitzkombination und ein lederner »Lounge Chair«

Die Einrichtung wird durch kräftige Farben und geometrische Muster aufgelockert. Preiswerte, selbstmontierbare Möbel und Kunststoffoberflächen gewinnen an Beliebtheit. Der „Lounge Chair" avanciert zum Möbel Hit des Jahres, während echtes Leder und hochwertiges Holz weiterhin Luxus repräsentieren.

Die wundersame Rettung von Abu Simbel

Das Wunderwerk der Antike, Abu Simbel, soll vor den Fluten gerettet werden. Die beiden von Ramses II. erschaffenen Felsentempel, 3200 Jahre alt und einst vom Untergang bedroht, erleben eine Rettungsaktion, die in der Geschichte einzigartig ist. Sie werden mit Präzision und moderner Technik, mit einem Kostenaufwand von 36 Millionen Dollar, neu errichtet - höher und sicher vor dem Nasser See.

Damit die Tempel von Abu Simbel nicht im Nil versinken, wird zuerst ein Schutzdamm errichtet.

Die internationale Gemeinschaft, darunter Ägypten, die USA und 45 weitere Länder, tragen die Kosten. Deutsche Experten von Hochtief AG leiten das fünfjährige Projekt, das am 22. September 1968 vollendet wird. Die monumentalen Statuen, einschließlich des Großen Tempels mit seinem "Sonnenwunder", blicken nun, genau wie in alten Zeiten, wieder auf den Nil.

Fünftagewoche auch
den Schulen

In deutschen Schulen prägt akuter Lehrermangel den Alltag. Überlastete Lehrkräfte betreuen bis zu 40 Schüler, was kaum Raum für individuelle Förderung lässt. Besonders leiden darunter die schwächeren Schüler, die eine intensivere Betreuung benötigen. In ländlichen Gegenden stößt die Idee, kleine Schulen zu zentralen Bildungseinrichtungen zu vereinen, auf geteiltes Echo.

Mit bis zu 40 SchülerInnen unterschiedlichen Alters ist der Unterricht eine Herausforderung für jeden Lehrenden.

Die Sorge gilt den längeren Schulwegen, doch eine qualitativ bessere Ausbildung winkt. Um Lehrern und Schülern ein freies Wochenende zu ermöglichen, wird erwogen, den Samstagsunterricht auf Wochentage zu verlagern oder Ganztagsschulen einzuführen, die neben der Betreuung auch Freizeitaktivitäten bieten.

Exklusiv: 1964er Rezepte für Apfelsuppen und -saucen

Der Apfel ist besonders gesund. Schon Anfang der 1960er Jahre erscheinen Bücher mit Apfelrezepten.

Äpfel sind gut für eine ausgewogene Ernährung und sind auch für die Frau von heute besonders gesund. Hier der Link und QR-Code zu 19 Apfelsuppen-Rezepten aus dem Jahr 1964:

https://bit.ly/Apfelsuppen-1964

Auch für Saucen eignen sich Äpfel hervorragend. Hier 15 Rezepte aus dem Jahr 1964 mit Link und QR-Code:

https://bit.ly/Apfelsoucen-1964

Campingglück auf Rädern

Camping mit dem Wohnwagen erlebt in Deutschland einen Boom. Die Anzahl der Caravan-Besitzer hat sich seit den 60ern vervierfacht, mit 37.500 stolzen Eignern und einer jährlichen Nachfrage von 100 Millionen DM.

Campingurlaub erfreut sich unter deutschen Ferienreisenden großer Beliebtheit. Auf Bequemlichkeit muss dabei nicht verzichtet werden. Die neuesten Wohnwagenmodelle bieten »Komfort fast wie zu Hause«.

Heute können Camper aus 285 Wohnwagen-Modellen wählen, beginnend beim preiswerten Drei-Meter-Volkscaravan für ca. 4.000 DM bis hin zum luxuriösen Sechs-Meter-Gefährt, das bis zu 22.000 DM kosten kann.

Der Trend geht zu größeren und besser ausgestatteten Wohnwagen, die das Reisen und Leben unterwegs komfortabler machen. Ein Stück Freiheit auf vier Rädern, das immer mehr Deutsche für sich entdecken.

Liebe überwindet Grenzen

Im Herzen Roms gibt am 29. April *Prinzessin Irene der Niederlande* dem *Karlisten-Prätendenten Carlos Hugo von Bourbon-Parma* ihr Jawort in der Basilika Santa Maria Maggiore. Die Zeremonie erfolgt in Abwesenheit ihrer königlichen Familie, ein Echo der politischen Krise, die ihre Konversion zum Katholizismus und diese unerwartete Verbindung auslöste.

Irenes Entscheidung, der Thronfolge zu entsagen und im Ausland ein neues Leben zu beginnen, besänftigte die aufgebrachten Gemüter in den Niederlanden und markierte ihren endgültigen Bruch mit der königlichen Tradition.

Nach vielen Widerständen ein glückliches Paar:
Prinzessin Irene und Prinz Carlos Hugo von Bourbon-Parma
bei der Hochzeitszeremonie in Rom.

Jungfrau ohne Kopf

25. April: In Kopenhagen herrscht Aufregung: Die *"Kleine Meerjungfrau"*, ein Symbol der Stadt, erleidet einen kühnen Diebstahl – ihr Kopf ist abgesägt und entwendet worden.

Doch Dank der originalen Gipsform, die der Künstler Edvard Eriksen 1913 anfertigte, lässt sich rasch ein Ersatzkopf gießen. So kann das Wahrzeichen, ein Inbegriff dänischer Kultur und Geschichte, bald in alter Pracht die Besucher wieder begrüßen.

Diebe stahlen den Kopf der „Kleinen Meerjungfrau" – Wahrzeichen von Kopenhagen.

Neue Ära des Luftverkehrs

Die Deutsche Lufthansa AG revolutioniert das Fliegen in Europa mit dem Einsatz von zwei *Boeing 727* *"Europa-Jets"*. *Diese* Flugzeuge, die für ihre Schnelligkeit und Reichweite bekannt sind, bedienen zunächst Madrid und Barcelona. Bald erweitern sie das Netz nach Kopenhagen, Stockholm, London, Mailand, Rom und in den Nahen Osten.

Die Boeing 727»Europa-Jet« erreicht eine Reisegeschwindigkeit von 930 km/h, ihre Reichweite beträgt 2880 km. Der Düsenjet bietet Platz für insgesamt 96 Passagiere; die drei- strahlige Maschine soll künftig das europäische Netz der Deutschen Lufthansa befliegen.

Die Lufthansa, die insgesamt zwölf dieser Jets bestellt hat, sticht als einzige Fluggesellschaft mit diesem Flugzeugtyp hervor. Die Boeing 727, ein Nachfolgemodell der 707 und 720, teilt viele Bauteile und technische Systeme mit ihren Vorgängern und begeistert mit einer Reisegeschwindigkeit von 930 km/h und einer Reichweite von 2880 Kilometern. Sie bietet Platz für 96 Passagiere, darunter zwölf in der Ersten Klasse, und setzt neue Maßstäbe für Komfort und Effizienz in der europäischen Luftfahrt.

Der Siegeszug der Synthetik

Im aktuellen Trend der Textilindustrie dominieren *Chemiefasern* mit einer jährlichen Wachstumsrate von 10%. Deutschland glänzt mit 9% der globalen Faserproduktion, hinter den USA und Japan. Während Polyamide leicht nachlassen, erobern Polyester- und Polyacrylfasern neue Marktsegmente, vor allem in Mischgeweben. Besonders bemerkenswert ist Stretch, eine flexible Faser, die sich an jede Körperform anpasst und nun über Strümpfe und Miederwaren hinaus in Freizeit- und Sportkleidung Einzug hält.

Kleider aus Perlon sind chic und pflegeleicht – so jedenfalls die Werbung.

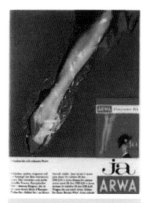

DM 2,95 kosten 1964 Damenstrümpfe aus Nylon oder Perlon von der Marke ARWA.

Ein beeindruckendes Wachstum zeigt sich bei Stretch-Badeanzügen, deren Produktion im Schnitt jährlich um 50% steigt. Kunststoffe triumphieren auch außerhalb der Textilbranche, etwa in Bau, Verpackung und bei Alltagsprodukten, inklusive der populären Plastiktüte, die in den 60er Jahren beginnt, die Welt zu erobern.

Das geschah 1984,
als du 20 Jahre alt warst

Glamour und Geldadel bietet der US-Serienhit „Denver Clan".
Hauptfiguren sind Blake Carrington, das „Biest" Alexis und die
schöne Krystle.

Am 3. August 1984 um 10:14 Uhr trifft die erste E-Mail in Deutschland ein. Erhalten haben diese Professor Werner Zornund sein Mitarbeiter Michael Rotert von der TH. Absender war Laura Breeden vom Administrationsbüro des Internetvorläufers CSNET

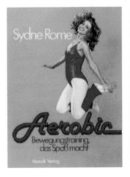

1984 schwappt die Aerobic-Welle auf Deutschland über. Ende Juni wird Aerobic bereits von 1,5 Mio. Bundesbürgerinnen ausgeübt.

Sydne Rome gilt als Botschafterin des Aerobic in Deutschland. Ihr Buch „Aerobic. Bewegungstraining, das Spaß macht" wird zum Bestseller.

Chagalls magische Farbträume

Marc Chagall, der französische Künstler mit russischen Wurzeln, erweckt gegenwärtig mit zwei kontrovers diskutierten Kunstwerken die Weltkunstszene zum Leben. In der Pariser Oper verzaubert sein 200 Quadratmeter großes Deckengemälde die Besucher durch seine farbenfrohe, lyrische Traumwelt. Trotz des zweijährigen Schaffensprozesses, in dem Chagall 50 kg Bleiweiß und zahlreiche andere Materialien aufwandte, ist sich die Kunstwelt uneins über die Passung des Werks zum historischen Ambiente des Theaters.

Gleichzeitig enthüllt sein eindrucksvolles Glasfenster, das dem verstorbenen UN-Generalsekretär Dag Hammarskjöld gewidmet ist, im UN-Gebäude in New York seine ganze Pracht. Chagall zeigt sich detailverliebt und fordert Änderungen im Raum, um sein Werk perfekt in Szene zu setzen.

Marc Chagall: »Blau ist die Farbe der Liebe und des Friedens«.

Geheimagent mit Familienleben

Sean Connery, bekannt als der glattrasierte Geheimagent 007, zeigt sich privat von einer anderen Seite. Mit Bart und im Kreise seiner Familie genießt er die Zeit abseits der Jagd nach Gangstern und Spionen.

Sean Connery mit Ehefrau und Sohn Jason

Der Filmheld und Familienvater steht mit Ehefrau Diana und Sohn Jason (2) im Fokus, fernab des Rummels, der ihn mit dem Film "Goldfinger" kürzlich in London ins Rampenlicht rückte. Connerys facettenreiches Leben offenbart, dass hinter der charismatischen Rolle des James Bond ein bodenständiger Mann steht.

Tanzwelle überquert
den Atlantik

Die Tanzbegeisterung kennt keine Grenzen: Frische und innovative Modetänze aus Großbritannien und den USA erobern die Herzen der Europäer. Sie entspringen dem legendären Twist und verwandeln sich in eine Vielfalt an kreativen Variationen.

Der "Watussi", ein energiegeladener Kriegstanz aus den USA, hat gerade seinen Weg auf die Tanzflächen Europas gefunden.

Dazu gesellen sich der ausgelassene Affen- und Hundetwist, der partnerschaftliche "Huggy-Bug", der synchrone "Block", der dynamische "Bang" und der außergewöhnliche "Hühnerpo".

Ein Rhythmus, der verbindet und Generationen auf die Tanzfläche zieht.

Liz Taylors fünftes Glück

Am 20. März heiraten *Elizabeth Taylor* und *Richard Burton* in Montreal, Kanada. Die strahlende 32-jährige Filmdiva und der charismatische 38-jährige britische Schauspieler finden ihre Liebe am Set des epischen Films "Cleopatra".

Liz Taylor und Richard Burton nach der Hochzeit

Diese Eheschließung markiert Taylors fünften Versuch, das Glück zu finden, kurz nach ihrer Scheidung von Eddie Fisher. Ihre Romanze, gekennzeichnet durch Leidenschaft und das Rampenlicht, fügt ein weiteres faszinierendes Kapitel zu Taylors bewegtem Liebesleben hinzu.

Poncho-Modetipp aus 1964

In der Zeitschrift **BRAVO** erscheinen in den 60er Jahren auch immer wieder Modetipps.

Original BRAVO-Modetipp aus 1964

Alle BRAVO-Hefte der vergangenen Jahrzehnte sind noch erhältlich. Unter: **https://bravo-archiv-shop.com** sind alle Hefte, auch aus den 1950er und 1960er Jahren als Printausgabe oder Scan zu bekommen.

Ein Flirt in der Ewigen Stadt

Shirley MacLaine, die charmante Ikone Hollywoods, genießt aktuell das Dolce Vita auf Roms legendärer Via Veneto. Mit einem prickelnden Glas Sekt in der Hand und einem strahlenden Lächeln tauscht sie heitere Blicke mit Kevin McLory aus. Die Szene wirkt wie ein modernes Märchen, umgeben von der historischen Pracht der Stadt.

*Shirley MacLaine und Kevin
McLory in Rom.*

Dabei ist es ein seltener Anblick, denn die Star-Schauspielerin, die einst in Klassikern wie "Das Appartement" und "Irma la Douce" glänzte, ist seit einer Dekade mit Steve Parker liiert. In Rom zeigt sie sich jedoch von einer neuen, beschwingten Seite.

Exklusiv: 150 Cocktailrezepte aus 1964

Cocktailbücher gibt es schon in den 1960er Jahren in jeder Buchhandlung.

Hier gibt es 150 original Cocktail-Rezepte aus dem Jahr 1964 zum Download. Der Link und QR-Code dazu:

https://bit.ly/1964-cocktails

Erziehungslücke in der Sexualaufklärung

Sexuelle Aufklärung ist im Jahr 1964 ein zentrales Thema in öffentlichen Debatten, intensiv behandelt von Medien, die mit kreativen Schlagzeilen Tipps und Strategien anbieten, um Jugendliche behutsam in die Erwachsenenwelt einzuführen.

Zeitschriften wie "Revue" starten Serien zu diesem Tabuthema, während "Bild am Sonntag" und "Quick" Eltern beraten, um ihre Kinder vorbereitet dem "Lebenswind" auszusetzen und auf "gefürchtete Fragen" zu antworten. Trotz verfügbarer Aufklärungsschallplatten und Broschüren, entwickelt von Sexualpädagogen, bleibt die Frage: *Wer übernimmt die Aufklärung?* Viele Eltern und Schulen scheuen noch die Verantwortung.

Sexualaufklärung wird zu einer Nische für Verlage und Filmemacher, deren aufklärende Materialien stark nachgefragt wurden.

Das Zeitalter der Sprühdose

Im Wirtschaftswunder erleben Sprühdosen eine Hochkonjunktur. In jedem deutschen Haushalt werden bald zwölf Dosen pro Jahr verbraucht, ein deutlicher Anstieg zu den acht des Vorjahres. Diese Innovation begeistert mit ihrer Bequemlichkeit: Ein Knopfdruck genügt, um Duft- und Wirkstoffe zu verteilen. Ob Haarspray, Lacke oder Insektizide, die Spraydose erobert zahlreiche Märkte.

Werbung für Körpersprays zur langanhaltenden Frische in verschiedenen Duftnoten sowie für Haarsprays in drei Sorten je nach Haar.

Es wird damit geworben, dass Haarspray vor schädigenden Einflüssen schützt. Dass das Treibmittel selbst die Ozonschicht schädigt, ist noch unbekannt.

Selbst für Wellensittiche und Hunde gibt es spezielle Produkte. Ihr Ursprung geht auf das Jahr 1926 zurück, als der Norweger Erik Rotheim sie erfand. Nach dem Krieg begann in den USA ihr Triumphzug, der sich unaufhaltsam fortsetzt – ein Spiegel des wachsenden Wohlstands und der steigenden Nachfrage nach einfachen Lösungen im Alltag.

Der Wandel der Freizeit

Seit 1952 genießen die Bundesbürger zunehmend mehr Freizeit, wie das Institut für Demoskopie Allensbach 1964 feststellt. Nur noch 10% haben keinerlei freie Zeit, ein Rückgang von 20% im Jahr 1952. Diejenigen mit über fünf Stunden Freizeit steigen auf 15%. Besonders Arbeiter berichten von mindestens vier Stunden Freizeit täglich, während Landwirte und Selbständige meistens auf drei Stunden kommen. Beamte stehen sich mit einem Viertel, das über fünf Stunden verfügt, besser da.

Durchschnittlich beträgt die Freizeit dreieinviertel Stunden. Ein Zeichen gesellschaftlichen Fortschritts und individueller Freiheit, das den Bundesbürgern ermöglicht, ihre Zeit vermehrt nach eigenen Wünschen zu gestalten.

Werken und Freizeit - Jahrbuch 1964 / 1965
für die Freunde frohen Freizeitschaffens und
schöpferischen Werkens.

Geburt eines Klassikers
Die 1000-DM-Banknote

Die Deutsche Bundesbank setzt einen Meilenstein und prägt das Finanzbild Deutschlands neu, indem sie am 27. Juli die erste *1000-DM-Banknote* seit der Geburt der Deutschen Mark 1948 herausgibt. Auf der Vorderseite verewigt: das Porträt des vermeintlichen Astronomen Johann Schöner, basierend auf einem Stahlstich nach Lucas Cranach dem Älteren.

Die 1000-DM-Banknote basiert auf dem Bildnis eines älteren Mannes (vermutlich Astronom und Geograph J. Schöner), Ölgemälde von Lukas Cranach d. A. (1529).

Dieser Schein reiht sich ein in die ikonische Sammlung von Banknoten, die die Bundesrepublik schmücken, neben den Gesichtern auf den 5, 10, 20, 50 und 100 DM-Noten sowie dem Ölgemälde auf Holz von Hans Maler auf der 500-DM-Note. Ein historischer Augenblick, der die Wertschätzung für Kunst und Kultur in der Währungsgeschichte Deutschlands unterstreicht.

Revolution am Strand

Im Sommer 1964 revolutioniert Modeschöpfer Rudi Gernreich die *Strandmode* mit einem oberteillosen Badeanzug,
der weltweit für Aufsehen sorgt. Ursprünglich als Expe-
riment gedacht, präsentiert das US-Mannequin Peggy Mo-
ffitt diesen gewagten Entwurf erstmals im Juni. Trotz anfänglicher Skepsis bezüglich der Massenproduktion, werden die innovativen Anzüge mit schmalen Trägern statt
bedeckender Oberteile schnell ein Verkaufsschlager.

*Ein Mannequin posiert im
Oben- ohne-Badeanzug am
Michigan-See (USA):
kurz darauf wird sie
verhaftet.*

In Europa und den USA ist das Interesse so groß, dass die
ersten Modelle binnen Stunden ausverkauft sind. Diese
freizügige Mode zieht allerdings nicht nur Bewunderer an,
sondern ruft auch Kritiker auf den Plan, die moralischen
Verfall befürchten. Die Behörden in Deutschland sehen
von einer strengen Regulierung ab, zweifeln jedoch an der
Langlebigkeit des Trends.

Preissturz im Lebensmittelhandel

Der *Preiskampf um Spirituosen und Schokolade* tobt auf dem deutschen Markt. Im Juli erleben Geschäfte einen Kundenansturm, vergleichbar mit Weihnachten, nachdem die Preise für Markenschnaps und -schokolade seit Juni massiv gefallen sind. Großhändler und Konsumgenossenschaften forderten das Ende der Preisbindung, um Waren zu Lockpreisen anbieten zu können.

Sonderangebote für Spirituosen und Schokolade.

Der Preisnachlass breitete sich rasant aus; so sank der Preis für Chantre von 9,75 DM auf 6,75 DM. Auch Schokoladentafeln sind nun günstiger. Der Erfolg der Händler zeigt sich darin, dass das Kartellamt die Preisbindung für verschiedene Marken aufhob. In der Folge passten viele Hersteller ihre Preise den neuen Marktbedingungen an.

Die Pilzköpfe im Rampenlicht

In lebendiger Gegenwart feiert "A Hard Day's Night", der erste Film der ikonischen Beatles, seine glanzvolle Premiere in London. Das Popquartett begeistert in einer dynamischen Mischung aus Spielfilm und Dokumentation, die 36 Stunden ihres aufregenden Lebens einfängt.

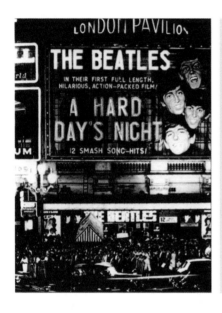

Mehrere tausend Beatles-Fans haben sich vor dem »Pavillon« in London versammelt.

Fans erleben Auftritte und wilde Verfolgungsjagden in London und Liverpool hautnah. Trotz hoher Ticketpreise von 168 DM ist jede Vorstellung ausverkauft. Vor dem Kino versammeln sich 15.000 Fans, um einen Blick auf ihre Idole zu erhaschen.

Bei deren Erscheinen löst sich die Menge in euphorischer Beatles-Manie auf, mit hundert Ohnmachten als Zeichen ihrer unvergleichlichen Starwirkung.

Opels Glanztrio im Automobil-markt 1964

Die *Adam Opel AG* präsentiert 1964 mit Elan drei neue Modelle für den anspruchsvollen Autofahrer: Den kraftvollen "Diplomat", sowie "Admiral" und "Kapitän". Ziel ist es, die Oberschicht zu begeistern.

Der "Diplomat" trumpft als Opels stärkstes Modell auf, mit einem Hubraum von 4,6 Litern und beeindruckenden 190 PS. "Admiral" und "Kapitän" teilen sich den verbesserten Sechszylinder-Motor mit 100 PS und erreichen Geschwindigkeiten bis zu 155 km/h. Alle drei Modelle bieten automatische Getriebe und Scheibenbremsen an der Vorderachse, was sie zur Spitze der Technik und Bequemlichkeit macht.

26 Jahre hegen zwischen diesen beiden Autos Der Kapitan 1938 hatte mit 2.5 Liter fast den gleichen Hubraum wie sein moderner Nachfolger, doch nur 55 (heute 100) PS-Höchstgeschwindigkeit damals 126 km st, heute 155 km st Vor dem Kriege kostete der Kapitan (viertürig) 3975 Reichsmark Preis des „Neuen" ca. 11 000 DM.

Weltbevölkerungswachstum
Ein alarmierender Trend

Die Welt erlebt ein beispielloses Bevölkerungswachstum. Die Vereinten Nationen berichten, dass die Erde jährlich um 63 Millionen Menschen anwächst, mit einer durchschnittlichen Rate von 2,1% zwischen 1958 und 1962 - der höchsten jemals verzeichneten. Prognosen deuten darauf hin, dass die Weltbevölkerung bis zum Jahr 2000 auf 6,2 Milliarden ansteigen wird, eine Verdopplung seit 1960 in weniger als vier Jahrzehnten.

DIE FURCHE 44/1964

UNIV.-PROF. ANTON BURGHARDT

Weltbevölkerung „explodiert"

Artikel in „Die Furche" aus 1964 warnt vor zu vielen Menschen auf dem Planeten.

Die Geschichte zeigt, dass frühere Verdopplungen Tausende von Jahren benötigten. Diese dramatische Zunahme führt zu Warnungen vor Überbevölkerung und ruft nach Maßnahmen zur Geburtenkontrolle.

Telefonieren wird teurer

Die Bundesrepublik Deutschland erlebt eine starke Erhöhung der Telefongebühren, die seit 1. August gilt. Beschlossen vom Bundeskabinett und angeregt durch Bundespostminister Richard Stücklen, soll der Preisanstieg das Defizit der Bundespost von nahezu 400 Millionen DM aus dem Jahr 1964 mindern. Die Bevölkerung reagiert auf die Nachricht mit deutlicher Verärgerung.

Bundespostminister Richard Stücklen, hier bei der Präsentation eines neuen »Komfort«-Telefons, zieht sich den Zorn der rund 7 Mio. bundesdeutschen Telefonkunden zu, da auf seine Veranlassung hin die Gebühren beträchtlich erhöht werden.

Besonders brisant sind die 50% höhere Grundgebühr für Telefonanschlüsse, die nun 18 DM beträgt, und der Fernschreibanschluss, der von 20 auf 30 DM steigt. Auch die Gebühreneinheit verteuert sich von 16 auf 20 Pfennig. Bei Ferngesprächen über 75 km halbiert sich die Sprechzeit pro Einheit nahezu. Ein kleiner Trost: Der Nachttarif beginnt nun werktags bereits um 18 Uhr.

Hochzeitspaar des Jahres

Die bezaubernde "Eisprinzessin" *Marika Kilius,* weltbe-kannt als Paarlauf-Weltmeisterin, hat das Ja-Wort gege-ben. In einer prunkvollen Zeremonie heiratete sie in Frankfurt am Main Werner Zahn, den Juniorchef einer Feuerzeugfabrik. Die Hochzeit war eine echte Augenwei-de: Eine sechsspännige weiße Kutsche, 23 Reiter, und eine glanzvolle Feier, die von über 10.000 Menschen bewun-dert wurde.

Die »Eisprinzessin« Marika Kilius und der Fabrikantensohn Werner Zahn tauschen in der Frankfurter Bonifatiuskirche die Eheringe. Rechts: Eislauf-partner und Trauzeuge Hans-Jürgen Bäumler.

Marikas Eislaufpartner, *Hans-Jürgen Bäumler,* übergab als Trauzeuge galant 64 rote Rosen. Marikas Brautkleid war ein Kunstwerk aus 23 Metern Chantilly-Spitze, und sie erhielt von ihrem Mann eine Brillantarmbanduhr sowie eine Perlenkette mit Brillantverschluss als Geschenk. Doch die Arbeit ruft: Statt Flitterwochen bereitet sich Marika auf ihre nächste Eisrevue vor.

Wieder Eiskunstlauf-Weltmeister

Marika Kilius und *Hans-Jürgen Bäumler* verteidigen mit einer bezaubernden Kür ihren Weltmeistertitel im Eiskunstlauf in der Dortmunder Westfalenhalle. Vor einer euphorischen Menge von 13.000 Zuschauern besiegen sie knapp das sowjetische Paar und vollziehen damit ihre Revanche für die Olympischen Spiele.

Die Kritik an ihrer früheren Leistung nehmen sie sich zu Herzen und präsentieren eine dynamische, risikofreudige Kür voller Temperament. Ihr Engagement und die verbesserte Darbietung lassen das deutsche Publikum jubeln. Mit diesem Sieg verabschieden sie sich triumphal vom Amateursport und wechseln zur Profi-Eisrevue.

Marika Kilius und Hans-Jürgen Bäumler – die beiden sind die Lieblinge des Deutschen Publikums.

TV im Wandel

Im Herzen des Fernsehgeschehens begeistert ein vielseitiges Programmangebot von ARD und ZDF, das Unterhaltung für alle Geschmäcker verspricht. Quiz- und *Unterhaltungsshows* mit Stars wie Hans-Joachim Kulenkampff und Lou van Burg erzielen Spitzenquoten und bringen die Nation zusammen.

Robert Lembke und Peter Frankenfeld sorgen mit ihren Sendungen ebenfalls für Furore, während Peter Frankenfeld zusätzlich für wohltätige Zwecke spendet. Entgegen diesen Erfolgsgeschichten enttäuscht der Krimi "Tim Frazer" durch mangelnde Spannung.

Das Kabarett-Ensemble »Stachelschweine« in der Fernsehlotterie »Ein Platz an der Sonne«

Um 21 Uhr im Ersten Programm: Chris Howland präsentiert 45 Minuten lang seine »Musik aus Studio B«.

Das geschah 1994,
als du 30 Jahre alt warst

Am 9. Mai wird der ANC-Vorsitzende Nelson Mandela zum ersten Schwarzen Präsidenten Südafrikas gewählt.

Am 22. März erhält der Film „Schindlers Liste" von US-Regisseur Steven Spielberg in Los Angeles sieben Oscars und wird zum erfolgreichsten Film des Jahres.

In Lillehammer/Norwegen finden im Februar die XVII. Olympischen Winterspiele statt. Erstmals werden die Winterspiele zur besseren Vermarktung nicht im selben Jahr wie die Sommerspiele veranstaltet.

Die Diva der Opernwelt

Maria Callas steht als unangefochtene Königin der Opernwelt im Rampenlicht. Ihre beeindruckende Stimme, die virtuose Kunst des Gesangs und ihr dramatisches Talent haben ihr seit ihrem Engagement an der Mailänder Scala 1951 weltweiten Ruhm eingebracht. Sie fesselt das Publikum weltweit, das sie mit begeisterten Ovationen feiert.

Callas, die teuerste und zugleich als launisch bekannteste Sängerin, ist ein Phänomen der Oper. Ihre Wurzeln liegen in Griechenland, geboren in New York, und ihr Stern begann 1938 in Athen zu leuchten. Ihre Karriere ist gespickt mit triumphalen Auftritten, unter anderem in Verona 1947, und sie bleibt eine führende Kraft in der italienischen Oper. Skandale und Affären, die sie angeblich umgeben, können ihren Stern nicht trüben.

Maria Callas ist die derzeit führende Sopranistin und ein Superstar

Literatur-Bestseller

Seit Oktober 1962 erscheint unter dem Namen *„Bücherspiegel"* die Bestsellerliste des *„Spiegel"*. Sie setzt sich als Standard durch und der Titel *„SPIEGEL-Bestseller"* ist auch heute noch eine begehrte Auszeichnung.

SPIEGEL-Bestsellerliste von 1964

Heinrich Böll – "Ansichten eines Clowns" - 25 Wochen
Mary McCarthy – "Die Clique" - 20 Wochen
Verna B. Carleton – "Wenn die Mondwinden blühen" - 16 Wochen
Günter Grass – "Hundejahre" - 13 Wochen
Rolf Hochhuth – "Der Stellvertreter" - 13 Wochen
Max Frisch – "Mein Name sei Gantenbein" - 12 Wochen
Harper Lee – "Wer die Nachtigall stört" - 9 Wochen

Heinrich Böll:
Ansichten
eines Clowns
Roman

SPIEGEL-Beststeller 1964

Heinrich Böll – "Ansichten eines Clowns"

Heinrich Bölls "Ansichten eines Clowns" aus dem Jahr 1964 ist ein bedeutender Roman, der die Zerrissenheit im Nachkriegsdeutschland untersucht. Durch die Augen des Clowns Hans Schnier kritisiert Böll scharf die gesellschaftliche Heuchelei und den religiösen Fanatismus. Der Text beleuchtet Themen wie Entfremdung, Liebe und den Wert von Kunst.

Königliche Sommerfreuden

Im Herzen Schottlands, auf Schloss Balmoral, erleben *Prinzessin Anne, Prinz Charles* und *Prinzessin Margaret* im Jahr 1964 vergnügte Sommertage.

SATURDAY, SEPTEMBER 19, 1964

Dieses historische Bild, veröffentlicht als Titelfoto der "The Illustrated London News", fängt einen ausgelassenen Moment im Leben der königlichen Geschwister ein, während sie eine Party genießen.

Download: Strickpullover und Mütze aus 1964

*Damen-
pullover und
Mütze aus
1964*

Die Strickanleitungen zu diesem Pullover mit Mütze aus dem Jahr 1964 (für Oberweiten 94-98 und 98-102 cm) gibt es unten zum Download.

https://bit.ly/Strickanleitung-1964

Königliche Hochzeit in Athen

Am 18. September verbinden *König Konstantin II. von Griechenland* und *Prinzessin Anne-Marie von Dänemark* in der prachtvollen, mit Gladiolen geschmückten Athener Kathedrale ihre Leben. In der feierlichen Zeremonie nach griechisch-orthodoxem Ritus sind rund 1200 Gäste zugegen, darunter Europas Monarchen und Vertreter aus 31 Nationen.

Hand in Hand: der griechische König und die Prinzessin

Die Frischvermählten fahren in der Kutsche durch Athen

Die Straßen Athens erfüllen sich mit dem Jubel von Hunderttausenden, als das Brautpaar in einer offenen Kutsche die Stadt grüßt. Nach einem festlichen Essen in Palastgärten reisen die Neuvermählten zur idyllischen Insel Spetsopoula – ein Beginn ihres gemeinsamen Lebens voller Hoffnung und Freude.

Hits des Jahres

Deutsche Jahrescharts 1964

1. "Rote Lippen soll man küssen" von Cliff Richard
2. "Das kannst du mir nicht verbieten" von Bernd Spier
3. "I Want to Hold Your Hand" von The Beatles
4. "Oh My Darling Caroline" von Ronny
5. "Shake Hands" von Drafi Deutscher
6. "Liebeskummer lohnt sich nicht" von Siw Malmkvist
7. "Das kommt vom Rudern, das kommt vom Segeln" von Peter Lauch & Die Regenpfeifer
8. "Memphis Tennessee" von Johnny Rivers
9. "Memphis Tennessee" von Bernd Spier (gleichzeitig mit Johnny Rivers auf Platz 1)
10. "Oh, Pretty Woman" von Roy Orbison

Im Jahr 1964 erreicht "Shake Hands" von *Drafi Deutscher And His Magics* in Deutschland große Popularität. Der Song etablierte sich als Tophit des Jahres in den Single-Charts.

Mit seinem einprägsamen Rhythmus und der charakteristischen Stimme Drafi Deutschers verkörperte dieser Titel den musikalischen Zeitgeist der frühen 60er Jahre und bleibt bis heute ein Klassiker der deutschen Musikgeschichte.

Das geschah 2004,
als du 40 Jahre alt warst

Am 4. Januar landet der amerikanische Roboter „Spirit" auf dem Mars und sendet Fotos von der Oberfläche des roten Planeten zur Erde.

Am 1. Mai treten Estland, Lettland, Litauen, Malta, Polen, die Slowakei, Slowenien, Tschechien, Ungarn und der griechische Südteil Zyperns in einem feierlichen Akt der EU bei, der damit 25 Länder angehören.

Am 6. Mai wurde Pablo Picassos "Junge mit der Pfeife" zum Rekordpreis von 104 Millionen Dollar verkauft.

Modetrends in der Damenunterwäsche

Aktuelle Damenunterwäsche verbindet Komfort und Ästhetik: Von formgebenden Büstenhaltern mit Polstern und Versteifungen bis hin zu Miederhosen und mit Spitze besetzten Unterkleidern.

Trotz dieser Vielfalt findet der avantgardistische, transparente *"no Bra Bra"* von Rudi Gernreich wenig Anklang. Er steht symbolisch für modische Freiheit, doch die Mehrheit bevorzugt traditionelle Schnitte, die sowohl Stil als auch Stütze bieten. Der Trend zeigt, dass Funktionalität und feminine Eleganz Hand in Hand gehen.

Sonnengelb im Trend

Die Zeitschrift "Film und Frau", herausgegeben vom Jahreszeiten-Verlag in Hamburg, ist die Quelle für aktuelle Trends und Unterhaltung. Sie erscheint alle zwei Wochen und versorgt ihre Leserschaft mit spannenden Themen rund um Mode, Film, Urlaub, Wohnen und Kosmetik.

In der neuesten Ausgabe präsentiert sich das Titelbild besonders frühlingshaft: Ein Hemdkleid in strahlendem Sonnengelb, der Trendfarbe der Saison, kombiniert mit einem schicken Jäckchen aus kariertem Shetland, fängt Blicke und verkörpert die Frische und Leichtigkeit der Mode.

Mobilität der Zukunft

Die *Salzgitter AG* entwirft in einer aktuellen Werbekampagne visionäre Perspektiven für Mobilitätslösungen. Mit wachsendem Verkehrsaufkommen wird der Raum knapp, und die Antwort liegt in der dreidimensionalen Erschließung des Verkehrsraums.

Über- und unterirdische Verkehrsebenen sollen den Weg für die Fortbewegung von morgen ebnen. Diese Etagen des Transports könnten das Stadtbild und die Art, wie wir reisen, grundlegend verändern und bieten eine innovative Lösung für die Herausforderungen steigender Verkehrsdichten.

Der Damenhosen-Trend

Der Damenhosen-Trend setzt sich in den Pariser Mode-schauen von 1964 durch. Couturiers wie Jacques Heim und Jeanne Lanvin stellen Hosen in den Vordergrund ihrer Kollektionen. Heim präsentiert knielange Hosen aus Wolljersey, während Lanvin elegante Hosenkleider mit Bügelfalte unter taillierten Paletots kombiniert, ergänzt durch schwarze Netzstrümpfe. Jacques Griffe und Coco Chanel zeigen weite, knöchellange Hosen, getragen mit schulterfreien Tops und hohen Schuhen.

Die modebewusste Frau 1964: Der klassisch-elegante Stil ist vorherrschend.

Castillo bietet Hosen bis zur Wade, Guy Laroche setzt auf Pailletten und Andre Courreges auf weiße Ölhaut. Pierre Cardin verweigert sich dem Trend mit einer großen Kollektion ohne Hosen, ebenso verzichten Dior und Yves Saint-Laurent in ihren Haute-Couture-Salons darauf, bieten sie aber in Boutiquen an.

Die beliebtesten Vornamen

Folgende Vornamen sind im Jahr 1964 am beliebtesten:

Mädchen:	Jungen:
1. Sabine	1. Thomas
2. Susanne	2. Michael
3. Martina	3. Andreas
4. Andrea	4. Stefan
5. Petra	5. Frank
6. Claudia	6. Torsten
7. Birgit	7. Ralf
8. Heike	8. Peter
9. Anja	9. Matthias
10. Kerstin	10. Jens

Interessante Preise 1964

Butter/kg: 7,45 DM
Eier/Stück: 0,25 DM
Milch/L: 0,46 DM
Rindfleisch/kg: 7,90 DM
Schwein/kg: 7,55 DM
Zucker/kg: 1,25 DM
Kartoffeln/kg: 0,27 DM
Mehl/kg: 1,20 DM
Kaffee/kg: 16,70 DM

Prominente Geburtstagskinder

Folgende prominente ErdenbürgerInnen erblicken 1964 das Licht der Welt:

07. Januar: Nicolas Cage
US-Schauspieler

17. Januar: Michelle Obama
Ex-First Lady der USA

07. April: Russel Crowe
US-Schauspieler

02. September: Keanu Reeves
US-Regisseur

09. März:
Juliette Binoche
Schauspielerin

18. Februar: Matt Dillon
US-Schauspieler

08. Juli:
Linda De Mol
TV- Moderatorin

24. Mai:
Maxi Biewer
Deutsche Moderatorin

26. Juli:
Sandra Bullock
US-Schauspielerin

Die Lords
Deutschlands Beatles

In lebhafter Erinnerung bleibt der 6. September, als die *Berliner Band "Lords"* im berühmten Hamburger Star-Club zum Sieger des Wettbewerbs "Wer spielt so wie die Beatles?" gekürt wird. Ihr Erfolg ist durchschlagend; sie ergattern einen Plattenvertrag und stürmen mit ihrer ersten Single "Shakin' All Over" die deutschen Charts.

Die »Lords« aus Berlin; das Quintett darf sich nun mit Recht »deutsche Beatles« nennen.

Mit ihrem Talent überflügeln sie andere Teilnehmer wie Die Minstrels aus Stade, die Germans aus Bremen, die Krauts und die Echoes aus Frankfurt am Main sowie die Rivets und die Tornados aus Hamburg. Die Lords, nun als "deutsche Beatles" gefeiert, prägen mit ihrem Auftritt ein glanzvolles Stück deutscher Musikgeschichte.

TV Nordsee
Wellen der Freiheit

"TV Nordsee" erobert als Vorreiter der Piratensender die Lüfte und bricht mit Traditionen. Seit dem 1. September strahlt der Sender von einer künstlichen Insel vor der niederländischen Küste ein frisches Fernsehprogramm aus, das mit einer speziellen Antenne im Westen der Niederlande empfangbar ist.

Dieser kühne Schritt, der das staatliche Rundfunkmonopol umgeht und durch Werbung finanziert wird, stößt auf Widerstand: Die niederländische Regierung setzt alles daran, die Piratenstimme zum Schweigen zu bringen und präsentiert einen Gesetzentwurf zur Schließung der Station.

TV Nordsee auf einer künstlichen Insel außerhalb der Hoheitsgewässer

Cornelis Verolme, der visionäre Gründer, hat mit "TV Nordsee" nicht nur eine technische Meisterleistung geschaffen, sondern auch einen kulturellen Leuchtturm, dessen Werbezeiten bis Januar 1965 restlos vergeben sind.

Buchmesse Frankfurt
Ein Fest der Literatur

Auf der *16. Internationalen Buchmesse in Frankfurt* am Main entfaltet sich ein literarisches Panorama, präsentiert von 2271 Verlagen aus 38 Nationen. Die Messe, die heute ihre Pforten öffnet und bis zum 22. September andauert, zieht eine Besucherzahl von etwa 107.000 an, ähnlich wie im Vorjahr.

Die internationale Präsenz ist stark, mit zwei Dritteln der Aussteller aus dem Ausland. Sachbuchverlage feiern Umsatzhochs, während wissenschaftliche und Kunstverlage Rückgänge verzeichnen. Im Einkaufstrend liegen kostengünstige Serientitel, ein Spiegel der wirtschaftlichen Strömungen im Buchmarkt.

Besucher der Buchmesse in Frankfurt am Main informieren sich an den Ausstellungsständen.

Farbenfrohe Revolution
im Wohndesign

Im Jahr 1964 erlebt die Welt des Wohndesigns eine farbenfrohe Revolution. Mit dem Aufkommen der Pop-Art werden Wohnräume zu Leinwänden des Ausdrucks und der Kreativität. Designer brechen mit der traditionellen Zurückhaltung und experimentierten mit lebendigen Farben und unkonventionellen Materialien.

Kunststoffe feiern ihre Premiere in der Möbelherstellung, was zu innovativen Formen und einer Palette an grellen Farben führt. Die ikonischen Eames-Chairs und Arne Jacobsens Ei-Sessel werden zu Symbolen für den Stil der Zeit und spiegeln bis heute den Geist der 60er wider.

Die aller- neuesten Wohnideen präsentiert das Magazin »Schöner Wohnen« auf der Titelseite der Oktober- Ausgabe

Das Wohndesign von 1964 steht für Optimismus und den Glauben an eine leuchtende Zukunft, was sich in jedem Stück dieser Ära widerspiegelt.

Olympische Spiele dank Satellit

Dank *Syncom III* erleben europäische Zuschauer die olympischen Höhepunkte in Tokio fast zeitgleich. Der Satellit, am 19. August gestartet, ermöglicht die Übertragung der Wettkämpfe in nur acht Stunden. In geostationärer Bahn über dem Pazifik positioniert, vermittelt er Aufzeichnungen direkt an die USA und von dort nach Europa.

*Olympia-Satellit
»Syncom III« kurz
vor seinem Start ins
All*

Dieses technische Wunderwerk verkürzt die Wartezeit auf aktuelle Berichte von 17 Stunden auf wenige Stunden, indem es die Filmrollen schnell über den Himmel statt per Flugzeug transportiert. Ein Sieg der Technik, der den Fernsehzuschauern ein nahezu Live-Erlebnis beschert.

Das geschah 2014,
als du 50 Jahre alt warst

Conchita Wurst gewinnt den Eurovision Song Contest für Österreich. 13 Mal bekommt sie die volle Punktzahl.

Am 13. Juli besiegt die deutsche Fußballnationalmannschaft im Endspiel Argentinien mit 1:0 und gewinnt die Fußballweltmeisterschaft 2014 in Brasilien.

In einer beeindruckenden Feier hat am 27. April Papst Franziskus in Rom seine Vorgänger Johannes XXIII. und Johannes Paul II. heiliggesprochen. Hunderttausende waren gekommen, Millionen sahen zu. Ein Ereignis, das es so noch nie gab.

Alexis Sorbas – Lebensfreude im Rhythmus des Sirtaki

Der Film *"Alexis Sorbas"* aus dem Jahr 1964 ist ein leuchtendes Beispiel für Leidenschaft und Lebenslust. In der Hauptrolle verzaubert *Anthony Quinn* als lebensbejahender Sorbas, der einem zurückhaltenden Schriftsteller zeigt, wie man das Leben in vollen Zügen genießt.

Gedreht auf der griechischen Insel Kreta, fängt der Film die Schönheit der Landschaft und die Tiefe menschlicher Emotionen ein. Besonders unvergesslich: der Sirtaki-Tanz, der sich als Symbol ungebändigter Lebensfreude ins kollektive Gedächtnis tanzte. "Alexis Sorbas" ist nicht nur Unterhaltung, er ist eine Hymne an das Leben und seine unerwarteten Freuden.

Anthony Quinn spielt als Sorbas ein vor Lebenslust strotzendes Mannsbild, das sich mit dem intellektuellen britischen Schriftsteller Basil (Alan Bates) anfreundet.

Andy Warhols Pop-Art: Ein Zeitgeist in Farben

Andy Warhol thront als Ikone der Pop-Art, prägend für die Kunst der 60er Jahre. Seine Campbell's-Suppendosen und Marilyn Monroe Portraits sind Sinnbilder des Konsums, Medieneinflusses und des Starkults dieser Ära.

Der Siebdruck erlaubt die endlose Reproduktion seiner Werke, was sie zu einem Teil der visuellen Massenkultur macht. Monroe's kontrastreiches, farbverändertes Portrait, entmenschlicht und ohne Emotion, kritisiert scharf: Der Mensch wird zum austauschbaren Produkt in einer gesichtslosen Gesellschaft. Warhols Kunst bleibt ein zeitloser Kommentar zum Wesen unserer konsumgetriebenen Welt.

»»Marilyn« von Andy Warhol wirkt in der Wiederholung erstaunlich lebendig und paradoxerweise auch spannend.

»Flower« von Andy Warhol aus dem Jahr 1964, eine Offset-Lithografie; Leo Castelli Gallery, New York

Sahara-Abenteuer begeistert das Publikum

Im pulsierenden Paris erlebt *"100.000 Dollar in der Sonne"* am 17. April seine Premiere. Die Hauptakteure Jean-Paul Belmondo und Lino Ventura faszinieren in diesem französisch-italienischen Meisterwerk, bei dem Henri Verneuil Regie führt.

Die Erzählung einer atemberaubenden LKW-Jagd quer durch Afrikas Wüsten und Gebirge fesselt das Kinopublikum und mündet in einen überragenden Kassenerfolg. Beim Cannes Festival erhält der Film trotz kritischer Stimmen, die mangelnde Originalität und konservative Tendenzen bemängeln, die Goldkarte.

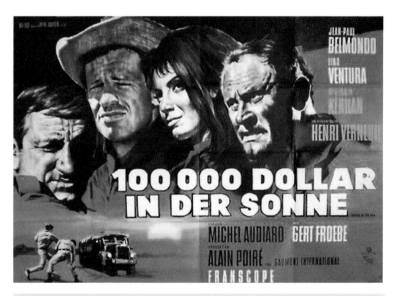

Das Filmplakat des Kassenschlagers: 100.000 Dollar in der Sonne, mit Jean-Paul Belmondo in der Hauptrolle.

Strandmode 1964
Bikini bleibt König

In der Welt der Strandmode herrscht im Sommer 1964 am Strand von St. Tropez ein fröhliches Flair. Der "Stern" berichtet über die neuesten Bademoden, präsentiert durch strahlende junge Damen.

Werner Bokelberg, ein versierter Fotograf, fängt die Schönheit der Models ein, die schicke Pariser Badeanzüge aus den renommierten Warenhäusern "Galeries Lafayette" und "Printemps" zur Schau stellen. Trotz der Vielfalt der Strandgarderobe bleibt ein Kleidungsstück unangefochten an der Spitze: der Bikini. Er prägt das Bild des sommerlichen Strandlebens und symbolisiert eine unbeschwerte Zeit am blauen Mittelmeer.

1964 als Kreuzworträtsel

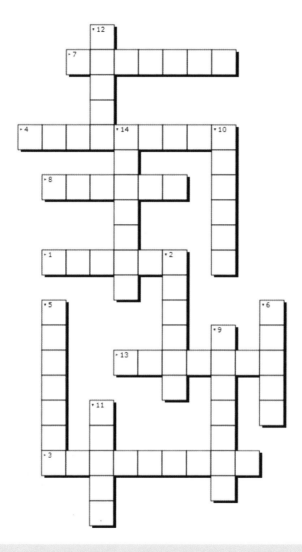

1. Chin. Sternzeichen; 2. Dritter Sohn von Königin Elisabeth II; 3. Brit. Pop-band; 4. US-Musical-Star; 5. Ort Olympische Winterspiele; 6. Vorname deutscher Sänger; 7. Nachname Darsteller James Bond; 8. Nachname 5-fach-verheirateter US-Star; 9. Größte DM-Banknote; 10. Nachname Eiskunstlauf-Weltmeisterin; 11. Opern-Diva; 12. Deutsche Beatles; 13. Tanz aus „Alexis Sorbas"; 14. Nachname 1964 geborene US-Schauspielerin

Lösung Kreuzworträtsel

1. Drache; 2. Edward; 3. Beatles; 4. Streisand; 5. Innsbruck; 6. Quinn; 7. Connery; 8. Taylor; 9. Tausend; 10. Kilius; 11; Maria; 12. Lords; 13. Sirtaki; 14. Bullock

Bildverzeichnis und Links

alamy; bigstock; canto; gettyimages; okapia; pixxio; pixabay; shutterstock; stokpic. Trotz größter Sorgfalt konnten die Urheber nicht in allen Fällen ermittelt werden. Es wird gegebenenfalls um Mitteilung gebeten.

Wir bitten um Verständnis, dass wir keinen Einfluss darauf haben, wie lange die externen Links (z.B. Youtube-Videos) abrufbar sind. Es besteht keinerlei wirtschaftliche oder sonstige Verbindung zu eventuell eingespielter Werbung vor den Videos. Cartoons: Nadja Kühnlieb

Impressum

Autorin: Nadja Kühnlieb

© 2024 Verlag Mensch
www.verlagmensch.com / info@verlagmensch.com
Dr. Roman Feßler LL.M.
6900 Bregenz - Österreich, Bregenzer Straße 64
Umschlaggestaltung: Ingeborg Helzle Grafikdesign
Covermotiv: Alamy
Konzept: Dr. Beate Guldenschuh-Feßler

1. Auflage 2024
Alle Rechte vorbehalten. Nachdruck, auch auszugsweise, nur mit schriftlicher Genehmigung des Verlags.

Psychologische Ratgeber des Verlags

Dr. Beate Guldenschuh-Feßler

Jeden Tag glücklich!

Positive Psychologie für mehr
Glück & Lebensfreude

Exklusiv auf Amazon.
Der Link zum Buch:
bit.ly/Jeden-Tag-glücklich

Auf 425 Seiten erhalten Sie 199 Praxistipps und Übungen
von der erfahrenen Diplom-Psychologin und Verhaltens-
therapeutin zur Erhöhung Ihres persönlichen Glückni-
veaus.

Dr. Beate Guldenschuh-Feßler

Glaubenssätze

Ihre persönliche Formel für
mehr Glück und Erfolg. Inklusive 2.000 Affirmationen

Der Link zum Buch:
bit.ly/Buch-Glaubenssätze

Identifizieren Sie Ihre einschränkenden Glaubenssätze
und erfahren Sie, wie Sie mit positiven Affirmationen
glücklicher und erfolgreicher werden.

Dr. Beate Guldenschuh-Feßler

**Das große Tagebuch
der Dankbarkeit**

Studien beweisen, dass ein
Dankbarkeitstagebuch unser
Glücksniveau steigern und Geist
und Körper positiv beeinflussen
kann.

Der Link zum Buch:
bit.ly/dankbares-leben

Neben ausreichend Platz für Ihre Tagebucheintragungen
erhalten Sie psychologisches Hintergrundwissen, Tipps
und Übungen zum Thema Dankbarkeit.

Dr. Beate Guldenschuh-Feßler

**Grimms Märchen für mehr
Selbstbewusstsein, Mut &
Hilfsbereitschaft**

11 Tugenden zur Persönlich-
keitsentwicklung psychologisch
aufbereitet.

Der Link zum Kinderbuch:
https://amzn.to/3N5GaQh

Printed in Poland
by Amazon Fulfillment
Poland Sp. z o.o., Wrocław
11 March 2024

b731210d-1e83-4adf-b53d-d118fe4ebc8aR01